Bremer-Bräuche
- Traditionen – Sprache – Speisen -

Eine kleine Lernhilfe für Kurzzeit-Touristen,
Neubremer und sonstwie „Zugereiste"!

von
Roland W. Schulze

Impressum

Verlag:
BoD - Books on Demand , Norderstedt
In de Tarpen 42
22848 Norderstedt, Deutschland

1. Auflage: Februar/März 2020

ISBN-Taschenbuch: 978-3-7504-4077-7

Buch-Druck: BoD - Books on Demand, Norderstedt

eBook-Produktion: BoD - Books on Demand, Norderstedt

Erscheinungsjahr: Februar/März 2020

Titel: Bremer-Bräuche – Traditionen-Sprache-Speisen –

Autor: Roland W. Schulze, Bremen

Inhalt: 60 Seiten (Druck-Exemplar) , 4 Kapitel, ca. 180 Bilder/Grafiken

Textredaktion: Roland W. Schulze, Bremen

Bilder und Fotos: eigene Bilder und weitere Quellen (siehe Kapitel 5)

Bibliografische Information der Deutschen Nationalbibliothek:
Die Deutsche Nationalbibliothek verzeichnet diese Publikation in der Deutschen Nationalbibliografie; detaillierte bibliografische Daten sind im Internet über http://dnb.dnb.de abrufbar .

Roland W. Schulze ist als Buchautor auch ein eingetragenes Mitglied bei der „Verwertungsgesellschaft Wort (VGWort)" in München.

Inhaltsverzeichis

Bildquellen

1. eigene Fotos Roland W. Schulze 1985-2020

2. fremde Quellen

https://www.shutterstock.com
https://www.giga.de
https://www.pexels.com/
https://pixabay.com/images/search/bremen/
https://negativespace.co/?s=Bremen
https://www.pinterest.com.au
https://www.bremen-tourismus.de/
https://pixabay.com/de/
https://unsplash.com/
https://www.pexels.com/de-de/
https://www.weser-kurier.de/
https://www.bremen.de/

# 1.	Wichige Telefonnummern

Alle diese Telefonnummern sind 2020 getestet. ABER: <u>Nummern sind ohne Gewähr!</u>

Polizei	110 (aus dem Ortsnetz)
Bundespolizei	Festnetz 0800-6 888 000
Feuerwehr + Notfall	120 (aus dem Ortsnetz)
Seenot-Rettung	124124 oder Festnetz 0421-536 870
Apotheken-Notdienst	22833 oder Festnetz 0800-00 22 8 33
Kreditkarte sperren (allg.)	116116
ADAC-Auto-Notruf	01802-222222
ärztlicher Notdienst-Bremen	116117 oder 0421 19292
allgemeine Arzt-Termine	030-609840210
Giftnotruf-Bremen	0551-19240
DRK-Flugdienst	0221-91749939
Behörden-Telefon-Zentrale	0421-361-0
Bürgertelefon	115 (aus dem Ortsnetz)
Kinder- und Jugendtelefon	0800-1110333
Elterntelefon	0800-111 05 50
Anonyme Alkoholiker	19295
Telefon-Seelsorge	0800 -1110111 und 0800-1110222
Bremer-Straßenbahn AG	0421-5596-0
https://www.bsag.de/auskunft.html	
Straßenbahn-BSAG-Fundbüro	0421/ 55 96 7575
eMail: fundbuero@bsag.de	
Bundesbahn-Zugfahrpläne	0800 -150 70 90
https://www.bahn.de/p/view/index.shtml	
Bundesbahn-Fundbüro	0900-1 99 05 99
www.bahn.de/p/view/service/fundservice.shtml	
Taxi-Roland	0421 14433
http://14433.de/	
Taxi-Ruf	0421-14014
https://www.taxi-ruf-bremen.de/	
Flughafen Bremen-Zentrale	0421-5371000
https://www.bremen-airport.com/	
https://www.weser-kurier.de/	

2. Vorwort

Zugegeben, ich bin selbst kein Bremer, lebe aber seit meinem 10. Lebensjahr in der Hansestadt und bis zum heutigen Tag erfahre und lerne ich immer noch, für mich neue „Bremensien". Bremen ist schon eine „sehr spezielle Stadt" und die Bremer sind ein eigenes Völkchen mit einer eigenen Historie und Lebensart und das gilt es zu verstehen! Überall auf der Welt gibt es lokale Bräuche; Bremen macht da keine Ausnahme!

Spezielle Bremer-Bräuche, Traditionen und Festlichkeiten haben oft eine lange Historie, oder einen lustigen oder sogar skurrilen Hintergrund und viele sind wirklich erklärungsbedürftig. Die wichtigsten Bremensien will ich vorstellen. Ich wende mich an Zugereiste, temporäre Gäste der Stadt, wie Kurzzeit-Bremer, Städte-Touristen, Studenten, Praktikanten auch Neu-Bremer.

Da fehlte bisher ein „Schnell-Überblick" für alle Fremden, was das kleinste Bundesland an speziellen Highlights zu bieten hat.

Dieses kleine eBook kann und soll nicht umfassend und vollständig, sondern nur Appetit auf „mehr" machen! Und selbstverständlich bietet „die Schwesterstadt Bremerhaven" auch sehr viel interessante Einblicke.

Wesentlich umfangreicher ist daher „mein großes Buch", Titel: „...in Bremen angekommen!", mit 208 Seiten und 24 Kapiteln, im BoD-Verlag veröffentlicht.

Das Taschen-Buch ist über jeden Buchhandel unter der ISBN-13: 978-3-7504-2218-6 zu bestellen und zu erwerben, das eBook hat die ISBN-13: 978-3-7504-7616-5.

Dieses eBook hier, stellt nur einen kleinen Ausschnitt dar.

Viel Spaß von *Roland W. Schulze*

P.S.: Herzlichen Dank an meinen langjährigen Projektpartner, Jens Emigholz (ein echter „Tagenbaren", also ein wirklicher Ur-Bremer) für die vielen Hinweise und Tipps!
Ein „tagenbaren Bremer" ist derjenige, dessen Eltern schon in Bremen geborenen sind und auch selbst in Bremen aufgewachsen ist https://de.wikipedia.org/wiki/Tagenbaren.

3. Bremer-Bräuche, Traditionen und Feste

Lederhosen tragen oder einen Fünf-Uhr-Tee nehmen: überall auf der Welt gibt es landestypische Bräuche.

Bremen macht da keine Ausnahme. *„Binnen und buten"* [bremisch] werden verschiedene Bräuche gepflegt (binnen = innen, in der Stadt und buten = draußen im Umland). Manche Bremer Bräuche mögen skurril wirken, wie das „Fegen der Domtreppen", andere, wie das ganz analoge „Nikolaus-Laufen", macht Kindern auch im digitalen Zeitalter sehr viel Spaß.

Domtreppen fegen - normal

Wer in Bremen 30 Jahre alt wird, **männlich** und noch unverheiratet ist, muss zum 30. Geburtstag die **Domtreppen fegen**, bis er von einer Jungfrau freigeküsst wird. Gefegt werden oft die Bierflaschen-Kronkorken der Gäste: das Bier muss das Geburtstagskind natürlich mitbringen und den Gästen spendieren!

Für unverheiratete **Frauen** ist am 30. Geburtstag das **Klinken-Putzen** an den großen Türen des **Bremer Doms** angesagt. Klar, dass die Türklinken danach glänzen müssen! **Und warum das alles?** Eine Erklärung beruft sich auf alten Volksglauben. Demnach ging man davon aus, dass Menschen, die sich <u>nicht</u> an der Fortpflanzung beteiligt haben, nach dem Tod an „einen üblen Ort verbannt werden", an dem sie **überflüssige Arbeit** verrichten müssen!

Domtreppen fegen – im Schaltjahr

In Schaltjahren ist übrigens „verkehrte Welt": Frauen müssen die Treppen fegen, Männer wiederum die Klinken putzen – **also alles „andersrum"**!

Dreimal ist Bremer-Recht

Geht der erste oder der zweite Versuch schief, dann sagt der Bremer: „dreimal ist Bremer-Recht". Ob das auch dem Gerechtigkeitssinn der Justitia entspricht, die aus dem Glasfenster im Treppenhaus des Gerichtsgebäudes grüßt, ist nicht überliefert.

Das Sprichwort ist so zu erklären: Bremen hatte früher **drei Sonderrechte** als Stadt inne, unter anderem eine eigene Gerichtsbarkeit.

Auf den Spuckstein spucken

Ein bisschen unappetitlich sieht er ja aus, der Stein … so vollgespuckt!

Aber der Stein zwischen Neptun-Brunnen und St. Petri Dom hat eine besondere **Bedeutung**: der Basaltstein markiert die Stelle mit einem Kreuz, an der die letzte öffentliche Hinrichtung in Bremen 1831 stattgefunden hat und wo laut Legende, der abgeschlagene Kopf der „Giftmischerin
Gesche Gottfried" liegen geblieben sein soll.

Gesche Margarethe Gottfried, geborene Timm, war eine Serienmörderin, die mit Arsen fünfzehn Menschen vergiftet hat. Was sie zu diesen Taten trieb, ist bis heute unklar. Bevor bekannt wurde, dass sie für die Morde verantwortlich war, galt Gesche Gottfried in ihrer Umgebung als „Engel von Bremen". Gesche lebte in Bremen von 1785 bis 1831.
Als Zeichen der Missachtung, Gottfried, gegenüber, spucken waschechte Bremer beim Vorbeigehen auf den Stein, der vor dem Bremer Dom, am Domshof liegt und den man an einem großen, eingemeißelten Kreuz erkennen kann.

Mehl zum 16. Geburtstag

Dass Geburtstagskinder zum 16. Geburtstag mit Mehl überstäubt werden, ist sozusagen die Vorstufe zum Eier-Werfen.

Meist findet dieser Brauch auf dem Weg zur Schule statt und sorgt damit regelmäßig für weiße Flecken auf den Schulwegen. Die „Panade" wird mit den Eiern am 18. Geburtstag Das Mehl symbolisiert demnach die Vorbereitung auf das „Fertigsein" – also auf das Erwachsenenalter.

Eier werfen zum 18. Geburtstag

Das wirkt erst einmal wie eine Strafe: zum 18. Geburtstag werden gern mal Eier auf die Geburtstagskinder geworfen. Die „Panade" ist fertig!

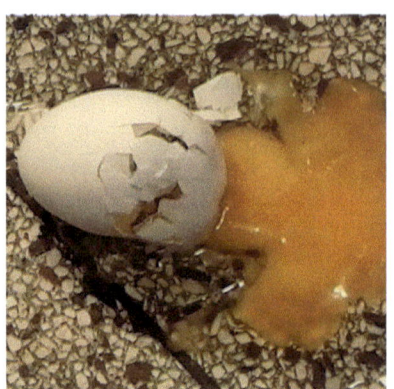

Die Schonzeit ist vorbei, heißt das wohl, denn die jungen Erwachsenen sollen sich wie Küken von ihrer schützenden Schale befreien. **Na denn!**

Der Bremer Schachtelkranz

Frauen, die 25 Jahre alt und unverheiratet sind, bekommen Girlanden und Kränze aus alten Zigarettenschachteln ans Haus oder um den Hals gehängt, weil sie fortan als **„alte Schachtel"** gelten. Männer bekommen analog dazu alte Socken oder alte Flaschen. **Die Ansage:** die Zeit als junges Gemüse ist vorbei! Ein Brauch, der ironisch zu betrachten ist, aber eine Grundlage hat. Eine Braut, die vor dem 25. Geburtstag heiratete, bekam einen **„Jungfernkranz"** aufgesetzt. Der Schachtelkranz nimmt angeblich darauf Bezug.

Den Wunsch beim Esel abgeben

Touristen pilgern jedes Jahr zur bekanntesten Darstellung der Bremer-Stadtmusikanten von Bildhauer Gerhard Marcks, die seit 1953 an der Nordwestfassade des Bremer-Rathauses steht. Aber auch Bremer sollten einmal in ihrem Leben die **Nase des Esels** oder/und die inzwischen blank polierten **Vorderbeine anfassen** und sich insgeheim **etwas wünschen**.

Denn wer das tut, so die Legende, dessen Wunsch wird auch in Erfüllung gehen!

Touristen erwarten oft ein <u>größeres Denkmal</u> der Stadtmusikanten und auch den Bremern gefiel die Statue 1953 nicht wirklich.

Aber der Künstler Gerhard Marcks, hat die Stadtmusikanten erst mal für 2 Jahre umsonst aufgestellt, bevor er dem Bremer-Senat seine Rechnung über 20.000,- DM überreichte!

Inzwischen haben sich, zumindest die Bremer, an die (kleine) Größe gewöhnt.

In den Sommermonaten spielt ein Schauspieler-Ensemble in Kostümen die Geschichte der Bremer Stadtmusikanten auf dem Bremer Marktplatz (s. Foto).

Großes Bild: Fundstücke im Internet - Variationen zu den Stadtmusikanten!

| ausgestopft | bei Regen | in der Stadt Riga | als 3D-Comic | in ECHT |

Hallo Baby

Einen neuen Menschen auf der Welt zu begrü-
ßen, ist wohl für jeden ein ganz besonderes Er-
eignis! Da versteht es sich einfach von selbst,
dass Bräuche hier nicht fehlen dürfen. Je nach
Region wird das Neugeborene auf verschiedene
Weise willkommen geheißen.

So wird vielerorts wenige Woche vor der Geburt der sogenannte **„Kinnertöön"** angesetzt –
ein Rosinen-Zucker-Weinbrand-Gemisch. Der
plattdeutsche Begriff leitet sich von „tönen"
(zeigen) ab.

Einige Väter laden dann nach der Geburt zum
sogenannten **Babypinkeln** ein. Dabei stößt der
Kindsvater mit seinen männlichen Freunden auf
die Vaterschaft an, während die Frau mit dem
Baby noch im Krankenhaus liegt. Oder die
frisch gebackenen Eltern laden gemeinsam ein,
sobald Frau und Kind wieder daheim sind.

Manchmal bringen Freunde und Verwandte einen **„Kilmer-Stuten"** vorbei. Diese Bäckers-
kunst aus Weizenmehl, Butter, Eiern, Hefe,
Salz, Wasser, Milch, Zucker und Rosinen geht
auch auf eine uralte Tradition zurück.

Der Begriff **„Kilmer"** bedeutet „Kindstaufe".
So soll das Neugeborene mit dem Stuten be-
grüßt und in den Familien- bzw. Freundeskreis
aufgenommen werden.

Geld ins Bremer Loch werfen

Das Bremer Stadtmusikanten „sind in den Untergrund gegangen"! Sie sind in einem Loch unter einem Kanaldeckel auf der Nordseite des Bremer Rathauses, vor dem Bürgerschaftsgebäude.

Die **Stimme eines Tiers der Bremer Stadtmusikanten ertönt**, immer wenn man eine Münze in den Gully-Deckel wirft.

Nur eine Touristen-Attraktion?

Mitnichten! Das Geld kommt der **„Wilhelm-Kaisen-Bürgerhilfe"** zu Gute, die damit Projekte für die Menschen in der Stadt unterstützt. Kein Wunder, dass also auch waschechte Bremer immer mal wieder eine Münze hinunterfallen lassen.

Spenden bis zu 19.000 Euro kommen so hier am Bremer Loch durchschnittlich, jährlich zusammen.

Der Spruch auf dem Deckel:

Kreih nich

Jaul nich

Knurr nich

Seg I A A

Doh wat rin
IN T BREMER LOCH

... in das Loch passt nicht nur ein Bremer-2-Euro-Stück rein ...

15

Pirouette auf der Weser drehen

Wer vom Osterdeich (Weser-Deich) auf die andere Seite der Weser, zum „Stadtwerder" und zum „Cafe Sand" möchte - oder umgekehrt - der wählt die Direktverbindung mit der **Sielwall-Fähre**.

Die sehr kurze Fahrt von knapp einer Minute ist aber trotzdem ereignisreich, denn die Kapitäne drehen gern mal ein, zwei oder mehr Pirouetten auf der Weser. Warum eigentlich? Warum denn nicht?

Ein Tipp: bei einigen müden, oder „sturen Kapitänen" hilft es, wenn man sie während der Überfahrt über die Weser fragt: „Kann die Fähre eigentlich tanzen?" … Jeder Kapitän lässt dann bestimmt die Fähre auf der Weser tanzen und Pirouetten drehen!

Braunkohl-Touren

Wenn, nach dem ersten nächtlichen Frost, die Braunkohl-Ernte beginnt, dann planen Freundeskreise, Vereine oder Arbeitskollegen schon ihre **Kohl-Touren** und das sind längere Spaziergänge, die in einem Gasthof enden, wo dann ein richtig deftiges Kohl-Essen wartet.

Eine Kohl-Tour mit Schnaps+Bier im Bollerwagen

Weil die Kohl-Zeit etwa von Ende November bis Anfang März reicht, versuchen sich die Teilnehmer der Kohl-Tour mit hochprozentigen, alkoholischen Getränken zu wärmen, die sie in einem geschmückten Bollerwagen hinter sich herziehen. Um jederzeit bereit **„zur Aufwärmung"** zu sein, tragen die Teilnehmer daher um den Hals ein Band und daran hängt jeweils ein kleines **Henkel-Schnapsglas**.

16

Braunkohl-Essen

Wer Kohl-Touren veranstaltet, der haut natürlich am Ende auch ordentlich rein. Zum Brauch gehört das Essen mit dazu!

In Bremen sagt man **Braunkohl**, im Umland Richtung Oldenburg **Grünkohl** (die nennen es auch „grüne Palme").

Dazu gibt es die Grützwurst, genannt: „Pinkel", Kochwurst, Kassler und Bauchspeck, und natürlich Salzkartoffeln!

Nikolaus-Laufen

In Bremen geht's für Kinder am 6. Dezember auch raus zum Nikolauslaufen – oder *„Sunnerkluslaufen"*, wie es bremisch heißt. Bei dem alten Brauch verkleiden sich die Kinder, laufen durch die Nachbarschaft, sagen an jeder Tür ihre Gedichte auf und bekommen dafür Süßes in allen Ausprägungen – von Bonbons bis zu Kuchenstückchen oder Lebkuchen. In einigen Geschäften der Innenstadt können die Kinder auch vor dem 6. Dezember ihre Stiefel abgeben, die sie dann mit Leckereien gefüllt am Nikolaustag im Schaufenster suchen müssen.

Und so ziehen noch heute die Kinder und Jugendlichen jedes Jahr am späten Nachmittag und frühen Abend des 6. Dezember durch die Straßen und singen die **alten plattdeutschen Verse, wie z.B.:**

„Sunnerklus, de grote Mann
kloppt an alle Dören an.
Lütje Kinner bringt he wat
grote Kinner steckt`e in`n Sack.
Halli, halli, hallo - so geiht` na Bremen to.

17

Den „Lebenslang-Eid" leisten

Wer zu Werder-Fußball-Spielen ins Weserstadion geht, der bindet sich vor Spielbeginn (gedanklich) lebenslang an seinen Fußball-Verein.

Regelmäßig leisten die Werder-Fans ihren Treueschwur, heben die Hände hoch, zeigen den **Werder-Schal** und singen alle die Vereinshymne **„Lebenslang grün-weiß"**. Der echte Werder-Fan geht nur in **„Kluft"** ins Stadion:

Werder-Schal, Werder-Pullover oder Werder-Jacke, Werder-Mütze und gegebenenfalls eine Werder-Flagge.

Richtig treue Fans haben für das Weser-Stadion natürlich eine Jahreskarte und fahren oft auch mit, zu Auswärts-Spielen des Vereins!

Cornern

… oder zu Deutsch: „am Eck rumhängen - und dabei Bier trinken"! Was anderswo das Weg-Bier, ist in Bremen das **Cornern**.

Besonders in den warmen Sommermonaten treffen sich die Bremer nicht in einer Kneipe, sondern einfach an der „Kreuzung Ostertorsteinweg/Sielwall" (siehe Bild), kaufen im Kiosk Getränke und suchen sich ein schönes Plätzchen.

Das geht natürlich auch an jeder anderen Ecke in der Stadt!

Am Osterdeich sitzen

Was dem einen „sein Cornern", ist dem anderen sein gemütlicher „Abend am Osterdeich an der Weser". Das ist nicht ganz so kostspielig, wie ein Abend in den Gastro-Betrieben, denn es gilt das Prinzip **BYOB**: „**B**ring **Y**our **O**wn **B**ottle"! Das heiß: jeder bringt seine Getränke selbst mit. Einfach am Deich sitzen, trinken, schnacken und klönen und bei schönem Wetter oft auch zusammen **Picknicken** oder **Grillen** am Weser-Deich!

Radfahren in Bremen

Bremen ist laut einer „Umfrage des „ADFC – des Allgemeinen Deutschen Fahrrad-Clubs", die fahrrad-freundlichste Großstadt in Deutschland (mit mehr als 500.000 Einwohnern). In vielen Bremer Straßen gibt es Radwege. Manche Straßen, speziell im Bremer Ostertor-Viertel, dürfen sogar von Radfahrern „in falscher Richtung befahren" werden, auch bei Einbahnstraßen! Neuerdings gibt es sogar reine Fahrradstraßen; hier müssen die Autofahrer extrem auf die Radfahrer Rücksicht nehmen und mittelfristig soll die Innenstadt „autofrei" gehalten werden! Wie das aber gehen soll, weiß aber noch kein Bremer Politiker so recht!

Der wohl bekannteste Radfahrer der Hansestadt: **Bürgermeister a.D. Henning Scherf**.

Der riesige Henning hat ein spezielles Fahrrad von der Bremer-Fahrrad-Manufaktur geschenkt bekommen, in „**Übergröße**" versteht sich!

19

Die Bremer-Eiswette

Die **Eiswette** [Plattdeutsch „Ieswett"] ist ein in Bremen jährlich am 6. Januar, dem Dreikönigstag, Schlag 12 Uhr am Punkendeich (Osterdeich in der Nähe vom Sielwall) stattfindender Brauch, der auf das Jahr 1829 zurückgeht.

Es geht um die Wette: *Of de Weser geiht or steiht?* [Plattdeutsch für, ob die Weser geht oder steht', also gefroren ist!].

Diese öffentliche **Eiswettprobe**, sowie ein internes **Eiswettfest**, das jeweils am dritten Samstag im Januar stattfindet, werden vom **Verein Eiswette von 1829** veranstaltet.

Im Jubiläumsjahr 1928 entstand der Brauch, am Dreikönigstag die noch heute übliche „Probe" am Osterdeich von einem **99 Pfund schweren „Schneider"** mit heißem Bügeleisen praktizieren zu lassen.

Weitere Mitwirkende der Zeremonie sind die „**Könige aus dem Morgenland**", sowie der **Notarius publicus**, der **Medicus publicus**, der **Präsident der Eiswette**, das **Eiswettpräsidium** und die **Novizen**. Die Hauptdarsteller treten alle in historischen Kostümen auf (siehe Foto).

Zum Testen hält ein Schneider erst eine kurze Rede am Weserdeich. Ihm kommt darin die Rolle eines „liebenswerten Spötters" zu, der gesellschaftliche und politische Ereignisse des jeweils vergangenen Jahres auf die Schippe nimmt.

Dann wirft er sein **heißes Bügeleisen** zum **Eistest** in die Weser – geht es jetzt in den Fluten unter, oder bleibt es auf dem **Fluss-Eis** liegen?

20

Wenn die Weser <u>nicht</u> zugefroren ist, holt ein **Seenot-Rettungskreuzer der DGzRS** den Schneider ab und bringt ihn auf die andere Seite der Weser. In den milden Wintern der vergangenen Jahre war das allzu oft eine klare Sache.**Zum Eiswettfest** treffen sich die eingeladenen **VIP-Gäste**, früher im Bremer Rathaus, dann in der in der Bremer-Glocke (Veranstaltungssäle und Restaurant). Alle VIP-Gäste sitzen an runden und weiß eingedeckten Tischen, ein **Sinnbild für Eisschollen**. Inzwischen findet das Fest mit ca. 800 geladenen Gästen im Congress-Centrum Bremen (CCB) statt. Die **DGzRS** ist die „Deutsche Gesellschaft zur Rettung Schiffbrüchiger!" Die hat viele Seenot-Rettungsschiffe in Nord- und Ostsee und ihre Zentrale ist in Bremen. Sie finanziert sich ausnahmslos aus Spendengeldern.

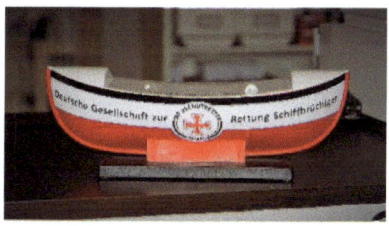

Die in Bremen bekannte Sammelbüchse

Dazu stehen kleine Rettungsschiffe in Bremer Lokalen, quasi als Spenden-Büchsen (siehe Bild)!

Messen/Ausstellungen im CC-Bremen

Seit ca. 30 Jahren gibt es in Bremen das CCB, das Congress-Centrum-Bremen. Einige Ausstellungen, Messen und sonstige Events sind inzwischen zu herausragenden Veranstaltungen gewachsen, wie z.B.:

- Bremen Classic Motorshow (Oldtimer)
- Six-Days Bremen (Hallen Radrennen)
- fish international (Fang, Verarbeitung)
- Jazz Ahead (Festival und Jazz-Messe)
- Fisch & Feines (Genuss-Messe)
- Space Tech Expo Europe (Kongress rund um Weltraumfahrt)

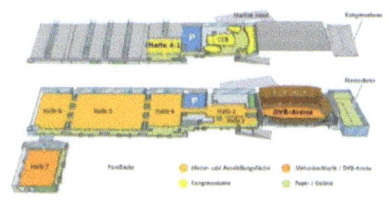

Die Bremer-Schaffermahlzeit

Die Schaffermahlzeit des „Haus Seefahrt"
findet mit 300 geladenen Gästen alljährlich
am zweiten Freitag des Februars im Fest-
saal des Alten Rathauses statt. Das „Schaffen" leitet sich her vom „kaufmännischen
Schaffen" ebenso wie von einem altertümli-
chen Begriff für „Essenfassen an Bord" und
symbolisiert so die alte Verbindung von
Schifffahrt und Kaufmannschaft.

Bei jeder Schaffermahlzeit gelten im Bremer Rathaus ein auf die Minute getakteter
Ablaufplan und eine immer gleiche Menü-
Abfolge von fünf Gängen, die von zwölf
Reden begleiten werden. Im **Schütting**,
dem Haus der Bremer Kaufleute, gibt es
den ersten Empfang. Traditionell geht es
dann ab 13 Uhr nach und nach vom Schütting über den Marktplatz in Richtung Obere
Rathaushalle zum Schaffermahl.

Mit Blick auf die Bekleidung der Teilnehmer des Brudermahls wird dieser Gang ein
wenig flapsig gern auch als **„Pinguin-
Walk"** oder **„Pinguin-Lauf"** bezeichnet.
Die Männer tragen nämlich Frack und pas-
sen mit ihrem Pinguin-Outfit zu den eisigen
Temperaturen in der Hansestadt.

Es gibt auch einen sehr **strengen Dress-
code**: es muss ein schwarzer Frack sein mit
weißem und gestärktem Hemd, mit weißer
Weste mit Perlmutt-Knöpfen und weißer
„handgebundener" Fliege und als Fußklei-
dung sind schwarze Lackschuhe vorge-
schrieben.

Scherzhaft werden daher die Teilnehmer und Gäste des Schaffermahls als „**Pinguine**" bezeichnet, speziell, wenn sie vom Bremer-Schütting zum Rathaus laufen (siehe Bild). Da jeder Gast nur einmal an dem Essen teilnehmen darf, sieht Bremen zu diesem Fest im Laufe der Jahre nacheinander alles in seinen Mauern, was in „Deutschland Rang und Namen" hat! Die **Speisenfolge** liegt in ihren Grundzügen seit Jahrhunderten fest: es gibt **Stockfisch**, **Kohl und Pinkel** mit **Rauchfleisch** und **Hühnersuppe**. Braten und Kompott können wechseln wie Wurst und Käse.

Pinguin Walk vom Schütting zum Rathaus

Traditionsgemäß gehören Schafferwein, Seefahrtsbier und Tabak, der aus **langen, weißen Ton-Pfeifen** geraucht wird, dazu. Aus Bremen dürfen jedes Jahr alle kaufmännischen Mitglieder und alle Kapitäne teilnehmen, die schon „geschafft" haben oder zu Schaffern gewählt worden sind. Jedes Jahr werden 3 weitere und neue „Schaffer" aus der Geschäftswelt und/oder der Politik gewählt und wer in Bremen zum Schaffer gewählt wurde, „der hat etwas erreicht" und kann wirklich stolz sein! Die **Schaffermahlzeit** ist ein Abschiedsmahl, das Kaufleute und Reeder am Ende des Winters für ihre Kapitäne gaben, bevor sie wieder auf Fahrt gingen. Die Bremer Schiffergesellschaft gründete deshalb **1545 eine Stiftung: "Die Arme Seefahrt"**. Sie unterstützen in Not geratene Seemänner und deren Angehörige! Heute heißt die **Stiftung "Haus Seefahrt"** und ist die älteste soziale Einrichtung der Welt. In Bremen-Grohn unterhält sie den „**Seefahrtshof**".

Das alte Haus-Seefahrt, früher um 1880 in der Lützower Straße, Bremen

Das Stiftungsfest des Ost-Asiatischen Vereins (OAV e.V.)

Das Stiftungsfest gehört damit zum **„Dreigestirn" der Bremer Traditionsveranstaltungen** im festlichen Rahmen, zu dem auch die **Eiswette** und die 1545 gegründete **Schaffermahlzeit** zählen.

Die Geschichte von Stiftungsfest und Verein begann am 17. Januar 1901, als sich zwölf bremische Kaufleute mit Asien-Erfahrung und Asien-Verbindungen im legendären „Essighaus" an der Langenstraße zu einem Curry-Essen trafen.

Sie beschlossen, ihrer Verbundenheit zu Ostasien eine verbindliche, feste und verlässliche Form zu geben – und gründeten den Verein.

Seit 1951 wird das OAV-Stiftungsfest in der Oberen Rathaushalle gefeiert. Noch heute wird ein Curry-Essen serviert und die Veranstaltung startet jedes Jahr mit dem **Schlag auf einen riesigen asiatischen Tempel-Gong**!

Bis heute versteht sich der Verein als geselliger Mittelpunkt für Menschen, die eine persönliche, berufliche sowie kulturelle Beziehung zu Asien pflegen. Erklärtes Ziel ist die Förderung der Völkerverständigung und das Verständnis und die Freundschaft zu den Menschen in Asien. Der Verein fördert unter anderem den Schüleraustausch mit Asien, kulturelle Einrichtungen und hilft auch bei Katastrophen.

Die „Fab Four" des OAV!

24

Das Bremer-Tabak-Collegium

Das Bremer Tabak-Collegium wurde zu Beginn der 1950er Jahre von bremischen Kaufleuten als freie Gesprächsrunde gegründet. Man wollte Persönlichkeiten des öffentlichen Lebens einladen, um sich miteinander im liberalen Geist über aktuelle Themen auszutauschen. Ein Motto lautet dabei: **„To blow a pipe sociably"**.

Die Collegien finden dreimal im Jahr an stets wechselnden Orten in Deutschland aber auch in EU-Staaten statt. Nur das Jahresschlusskollegium findet jedes Jahr im Bremer Rathaus statt. Sie dienen der Pflege der Beziehungen Bremens. Es gibt weder Statuten noch Ämter, aber ein kleines Gremium mit circa zehn Persönlichkeiten und einem inoffiziellen, wechselnden Sprecher bestimmen weitgehend das Geschehen. Zum Bremer Tabak-Collegium gehört es, dass auf kleinen Tischchen lange holländische Tonpfeifen bereitliegen, die während der Kollegiumsrunde von den Gästen angezündet werden.

„Das umständliche Anzünden der ersten Pfeife bei der Zusammenkunft soll die Stimmung anregen, beeinflussen, die Empfindung der Gemeinsamkeit steigern, in der dann vorbedacht oder spontan das Gespräch beginnen kann" heißt es in einer Selbstdarstellung. Festliche Kleidung (Smoking) gehört zur Etikette. „Man tafelte herzhaft nach bremischer Art mit schwarzem, derben Brot und Fisch, Katenschinken und hausgemachter Wurst, dazu gab es Bier und Korn" heißt es. Beim Collegium gibt es den Löffeltrunk, dabei wird Schnaps aus Zinnlöffeln getrunken (Foto).

Der Bremer-Kapitänstag

Der Kapitänstag ist ein jährlich am ersten Freitag im September stattfindender Empfang für Kapitäne und Chefingenieure der Schiffe und Flugzeuge. Außerdem sind die Mitglieder der BHV (Bremischen Hafenvertretung), ihre Geschäftspartnerinnen und Geschäftspartner sowie Vertreterinnen und Vertreter aus Politik und Verwaltung, die sich für die Belange der Häfen, der Seeschifffahrt und des Luftverkehrs einsetzen, eingeladen. Die Veranstaltung ist ein symbolischer Dank Bremens an die Verantwortlichen im See- und Luftverkehr und geht auf einen Senatsbeschluss im Jahr 1965 zurück. Während der Veranstaltung werden Spenden für die Bremer Seemannsmission gesammelt.

Die Januar-Gesellschaft

Reden in der Handelskammer/ dem Schütting

Die **Januar-Gesellschaft** oder **Januargesellschaft der Witwen- und Statutenkasse** ist ein traditionelles Kaufmannsfest von **Mitgliedern der Handelskammer Bremen,** das jeweils am Montag nach dem Dreikönigstag stattfindet. Der Brauch geht auf die **„Große Kaufmannkost"** zurück, die erstmals 1549 erwähnt wird, und gehört mit zu den **ältesten Festmahlen und Tischgesellschaften der Welt**. Ihr gehören die amtierenden und früheren Mitglieder des Plenums der Bremer Handelskammer sowie die **Syndici der Kammer** an. Traditionell erfolgte diese alljährliche Versammlung der sogenannten **Elterleute der Kaufmannschaft** zu Ehren der neu hinzugekommenen Mitglieder. Die Witwen- und Statutenkasse wurde 1774 gegründet.

Die Klaben-Saison einläuten

Seit 2009 gehört der „**Bremer-Klaben**" zu den geografisch geschützten Lebensmitteln. Klaben (Rosinenkuchen) darf nur auf Bremer-Gebiet und aus bestimmten Zutaten hergestellt werden.

In jedem Jahr wird ein 100 Meter langer Klaben auf dem Marktplatz angeschnitten und in kurzer Zeit verkauft. Die Einnahmen des Verkaufs werden gespendet - in jedem Jahr kommt das Geld anderen Einrichtungen zugute. Klaben ist quasi der Bremer-Stollen!

Die Matjes-Saison einläuten

Als Matjes bezeichnet man einen jungen Hering, der vor der Geschlechtsreife noch sehr mild ist. Jedes Jahr im Juni kommt der junge Matjes von Holland nach Bremen.

Die **Barkasse „Vegebüdel"** bringt traditionsgemäß die Holz-Fässer voller Matjes von Vegesack nach Bremen (genannt: „Tour de Matjes").

Dort werden sie am Martinianleger entladen und in Holzfässern zum Domshof gerollt. Zum Brauch gehört zudem die Geschmacksprobe der Fischdelikatessen durch Fischhändler Hermann Kopp, alias "Matjes-Hermann", und den aktuellen Bürgerschafts-
präsidenten.

Nur die zwischen Mai und Juli gefangenen, noch jungfräulichen Heringe werden zu Matjes verarbeitet, also teilweise ausgenommen und für mehrere Tage in Eichenfässern mit Salzlake eingelegt.

Vorher sind die Heringe zu mager, später verbrauchen sie ihr Fett für die Fortpflanzung. Matjes isst man so, wie das auf dem Foto zu sehen ist, immer am Stück!

Einen Rollo essen

Das ist vielleicht nicht ganz so sehr ein „echtes Brauch-Ding", sondern eher ein „Bauch-Bing": die Rollos wurden in Bremen erfunden.

So treffen Bremer denn auch häufig mal die Entscheidung, sich ein Rollo zu genehmigen. Gerade im „Bremer Viertel" bieten einige Lokale und Imbisse regelmäßig „Rollos" an! Ein Rollo ist ein hauchdünner, gebackener Weizenmehl-Fladen, in den Fleisch, Salat und leckere Soße eingerollt ist und dann noch mal kurz in den Backofen kommt, bevor er verspeist wird. Und der schmeckt äußerst lecker!

Musik und Licht am Holler-See

Jedes Jahr findet im September vor dem Bremer-Park-Hotel am Holler-See das Klassik-Open-Air "Musik und Licht umsonst und draußen statt.
Zahlreiche Gäste finden sich mit mitgebrachten Decken und Stühlen auf den Rasenflächen rund um den Holler-See

ein und genießen im Schein der vielen
Lichter die Klänge des Jugendsinfonie-
orchester der Musikschule Bremen. Besonders geübte Besucherinnen nehmen
sich dazu ein Picknick mit, um in der
besonderen Atmosphäre zu Schlemmen.

Ein Höhenfeuerwerk zu Georg Friedrich
Händels Feuerwerkmusik und Stücken
von Dimitri Schostakowitsch, Wolfgang
Amadeus Mozart und Georges Bizet
sind obligatorische und beliebte Pro-
grammpunkte, jedes Jahr! Den Abschluss
des Abends bildet traditionell das Lied
"Der Mond ist aufgegangen" und alle
singen das Lied gemeinsam.

Sommer in Lemona

Jedes Jahr im Sommer steht Bremen-
Lesum wieder ganz im Zeichen des 3-
Tage dauernden **Musik-Festivals mit
dem Titel: „Sommer in Lesmona"**.

Das Klassik-Konzertwochenende findet
seit 1995 alljährlich in Knoops-Park
statt. Jedes Jahr liegt der kulturelle
Focus auf einem bestimmten Motto
oder Thema und die Musik, Geschichten und Gedichte drehen sich z.B. um
das Thema „Verführung" oder das
Thema „Fernweh".

Die Musiker und die Leitung der
„Kammerphilharmonie-Bremen" ver-
anstalten dieses Festival mit großem Er-
folg! „Lesmona" ist der alte Name für
Lesum, dem Bremer Veranstaltungsort.

29

Hinter dem Namen „Sommer in Lesmona" verbirgt sich ein authentischer bekannter Liebesroman. Inzwischen hat sich dieses Musikfestival auch als völliges **Picknick-Ereignis** entwickelt: ca. 1.000 Gäste kommen, oft auch mit kompletter Picknick-Ausrüstung, Tischen, Stühlen und Decken, Speisen und Getränken und die Damen tragen Riesenhüte ... **„es „riecht" alles ein wenig british",** aber alle genießen die Musik und die Picknick-Gesellschaft in der herrlichen Park-Umgebung!

Übrigens: der Ort der Veranstaltung liegt nahe der „echten Villa-Lesmona", die der Bremer Kunstprofessor Jürgen Waller mit seiner Gattin bewohnt.

Musik und englisches Picknick!

Die Villa Lesmona in Knoops-Park

Musikfest Bremen

Jedes Jahr im Spätsommer begeben sich junge und alte Stars der klassischen Musik nach Bremen und Umgebung.

An über 20 Spielstätten im gesamten Nordwesten gibt es ein vielfältiges Programm quer durch alle Epochen und Genres. Von allen Konzert-Sälen in Bremen, hat die „Bremer Glocke" den besten Sound, genau neben dem Dom! **Wann & Wo:** das 31. Musikfest Bremen fand vom 29. August bis 19. September 2019 in Bremen statt. Mehr Infos:
https://www.musikfest-bremen.de/

Konzertsaal: die Bremer-Glocke mit einer Super-Akustik

30

Shakespeare im Park

Jedes Jahr im August findet ein Open
Air Festival im Bremer Bürgerpark
statt, genannt: „Shakespeare im Park".
Traditionell, von wenigen Ausnahmen
abgesehen, spielt die Theatergruppe, die
Bremer Shakespeare Company, an 5
aufeinander folgenden Tagen 5 besonders beliebte Inszenierungen aus ihrem
Repertoire.

Der Ort ist immer die Wiese an der mar-
kanten **Melchers-Brücke im Bremer
Bürgerpark**, die die weitläufige offene
Fläche zwischen Parkhotel und Meierei
quert. "Shakespeare im Park" ist seit
über 20 Jahren das einzige Open Air
Highlight mit einem reinen Theaterpro-
gramm, im Konzert der kulturellen Bremer Freiluft- und Freizeitveranstaltun-
gen. Jahr für Jahr zieht es mehrere Tau-
send Besucher aus Bremen und
dem bremischen Umland an.

Die Melchers-Brücke

Torfkahn-Fahrten

Nördlich von Bremen ist das große Teu-
felsmoor.
Dort würde früher Torf abgebaut und
als Brenn-Gut nach Bremen mit Torf-
kähnen transportiert.

Nachbauten der traditionellen Torf-
kähne liegen im Findorffer-Torfhafen.
Fahrten auf dem „Kuhgraben" finden
von April bis Oktober statt.

31

Der alte Torfhafen im Stadtteil Findorff lag damals noch außerhalb der Stadt und ging bis zur „Plantage" (Straßen-Name).

Vom Bremer Torfkanal-Hafen in Findorff geht es dann auf dem „Kuhgraben" in Richtung der kleinen Flüsschen Wümme und Hamme und die Fahrt auf den Spuren der Torfbauern, geht durch ein großes Naturschutzgebiet, vorbei an netten Landgasthäusern mit speziellen norddeutschen Speise-Angeboten.

Man kann aber auch alternativ direkt an der Wümme und im Hamme-Hafen, direkt bei den **Adolfsdorfer Torfschiffern** zusteigen.

Normal wird gesegelt, aber wenn kaum oder kein Wind ist, nutzt man heute noch Benzin-Motoren. Stück für Stück werden jetzt alle Benzinmotoren durch Elektro-Motore ersetzt (die knattern nicht so laut und man kann den Geschichten der Torf-Kapitäne lauschen!).

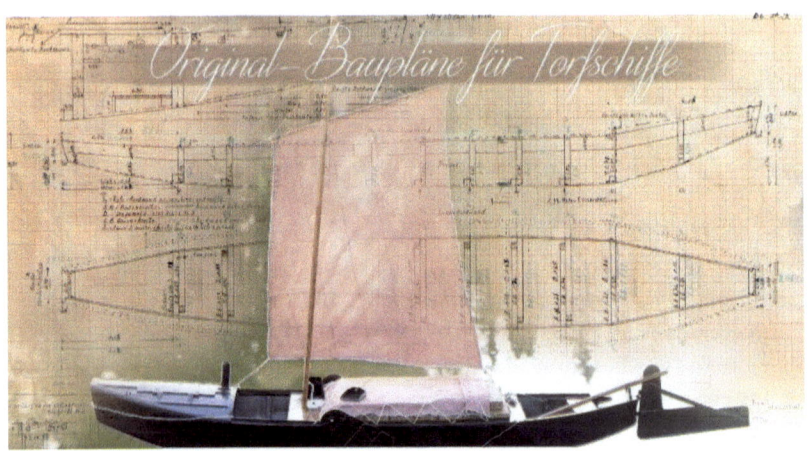

Original-Baupläne für Torfschiffe

Der Samba-Karneval

Der **Bremer Samba-Karneval** ist ein seit 1986 jährlich stattfindender Karnevalsumzug in Bremen mit einem anschließenden Maskenball und einer Vielzahl von Nebenveranstaltungen.

Seit 1991 findet der Karneval unter jährlich wechselnden Mottos statt. Es handelt sich um einen Karneval mit dem **Schwerpunkt auf Samba.** Weitere „Säulen" sind: **Masken, Kostüme, Stelzen** und **Spektakel**.

Betreiberin ist die „Initiative Bremer Karneval e.V.". Der Bremer Karneval gilt als der **„größte Samba-Karneval Europas"** und fällt zeitlich fast mit dem Karneval in Venedig zusammen. Der 35. Bremer Karneval ist am **14./15. Februar 2020** unter dem Motto: „Im Rausch der Liebe".

La Strada

La Strada (italienisch für „Die Straße") ist ein internationales **Festival der Straßenkünste** in Bremen. Es findet seit 1994 alljährlich im Sommer statt und wird von bis zu 100.000 Zuschauern besucht.

Das Festival wird mittlerweile in der gesamten Bremer Innenstadt an öffentlichen Orten und Plätzen veranstaltet. Es präsentiert „Theater im öffentlichen Raum". Das eintrittsfreie Programm von bis zu 160 Shows bietet ein Kulturangebot für breite Publikumskreise.

Der Kajenmarkt

Direkt an der Weser, genauer an der „Schlachte", findet vom Frühling bis zum Herbst der „Kajenmarkt" jeweils am Samstag statt.

Seit über 30 Jahren können Besucher der Bremer Schlachte auf dem Kajenmarkt bei schwungvoller Live-Musik, ins Wochenende starten.

Nicht nur Besucher aus dem Umland und Touristen, sondern auch die Bremer selbst strömen seit 1986 zu Tausenden während der Kajenmarkt-Saison an die Schlachte, um das Ambiente am Fluss hanseatisch zu genießen.

Sie haben vielleicht Lust auf ein **Fischbrötchen,** eine Bratwurst, ein Stück **Flammkuchen** oder doch lieber auf ein Glas Prosecco oder ein frisch gezapftes Pils?

Dann sind Sie auf dem Bremer Kajenmarkt genau richtig. Denn die Gastronomie auf dem Markt sorgt mit ihren abwechslungsreichen Speisen und Getränken für das leibliche Wohl der Besucher. Dazu gibt es ein buntes Angebot an Handelswaren sowie nützlichen Dingen für das tägliche Leben.

In Höhe der **Teerhof-Fußgänger-Brücke** bietet eine mobile Bühne ein wechselndes und kostenloses Live-Programm mit Shantys, Swing, Jazz, Pop und Rock´n´Roll.

Die Bremer „Schlachte"

Die „Schlachte" war der allererste Hafen Bremens, mit einem Kai, mit einigen Kränen und vielen Waren-Speicherhäusern.

Während z.B. Städte wie Köln, oder Frankfurt die Uferpromenaden ihrer Flüsse mit Restaurants und Lokal-Schiffen bestückt hatten, war in Bremen bis zum Jahr 1999 absolut nichts an Besonderheiten an der Weserpromenade zu sehen oder zu erleben.

Erst seit der Jahrtausendwende registrierten die Bremer, dass die Stadt am Fluss liegt und erst dann wurden Restaurants mit Außenplätzen direkt an der Weserpromenade geplant und eingerichtet. Sowohl die Bremer, als auch Touristen haben inzwischen die Schlachte angenommen und bei schönem Wetter tummeln sich hier über 500 Besucher.Direkt an der Schlachte liegen nun auch diverse Schiffe, wie z.B. das **Niederländische Pannekoekschip „Admiral Nelson"**. Hier gibt es leckere Pfannenkuchen, süß wie auch herzhaft! Daneben liegt das **„Segelschiff mit den grünen Segeln", die Alexander-von-Humboldt-1** (die Bremer nennen sie liebevoll „die Alex"). Das Schiff ist inzwischen ein Hotel- und Restaurantschiff und bietet viele leckere, maritime Speisen an. **Übrigens: der „Labskaus" auf der „Alex" ist der Beste in ganz Bremen.** Etwas weiter liegt die **„Treue", ein Betonschiff** mit Restauration und Comedy-Programm und Schiffsdisco.

Noch ein wenig weiter Richtung Weser-stadion liegt das „**Theaterschiff**" mit seinen interessanten Veranstaltungen. Hier laufen Theaterstücke, Diskussio-nen, Talk-Shows und Fachvorträge in unterschiedlichen Vortragsräumen.

Bis vor kurzem lag hier auch der Nach-bau der **Bremer-Hanse-Kogge**, die lei-der vor ein paar Jahren untergegangen ist und hoffentlich bald repariert sein wird. Mit erfolgter Renovierung rechnet man 2020.

Die Bremer Flohmärkte

Wenn nicht gerade die „Osterwiese" oder der Bremer-Freimarkt die „**Bür-gerweide**" hinter dem Bremer Haupt-bahnhof benötigen, findet hier immer regelmäßig **sonntags** der große **Open-Air-Flohmarkt** statt, genauer neben dem alten **Schlachthof (mit dem Schornstein)**.

Flohmarkt auf der Bürgerweide

Samstags findet dagegen immer ein gro-ßer Flohmarkt genau an der **Weserpro-menade**, der Schlachte statt.

Es gibt Flohmärkte in Hallen, Malls und Einkaufzentren. Z.B. in **Bremen-Habenhausen** auf dem überdachten Parkplatz des **Einkaufszentrums FEGRO**. In **Bremen Huchting, im Ro-land-Center**, finden oft Floh-, Auto und Spielzeug-Märkte statt. In **Hemelingen** sind auf dem überdachten Parkplatz des **Einkaufszentrums „Hansa-Carre"** auch oft Flohmärkte.

Überdachter Flohmarkt beim HANSA-CARRE

Das Bremer-4 Lichtermeer

Das „Laterne-Laufen" wird in Bremen an zahlreichen Orten zelebriert.

Alljährlich im November geht das **Bremer Lichtermeer, der größte Laternenumzug in Bremen, quer durch die Innenstadt.**
Veranstaltet und beworben wird dieser Laternenumzug vom lokalen Rundfunksender, *Radio-Bremen-4*.

Jung und Alt, Familien und Kinder treffen sich ab 17 Uhr auf dem Bremer Marktplatz zu einem schönen Rahmen- und Bühnenprogramm, um ab 18 Uhr gemeinsam durch die Stadt zu ziehen.

Begleitet wird die Veranstaltung von Spielmannszügen und traditionellen Liedern. So kommen rund 3.000 Besucher zum größten Laternenlauf durch die Stadt. Am Ende des Laternenlaufs gibt es oft für alle Kinder (und ihre begleitenden Eltern) eine süße Überraschung für den Nachhause-Weg.

Die Bremer-Osterwiese

Auf der Bürgerweide, vor dem Bremer-Messe und Congress-Centrum und der Stadthalle, findet immer um Ostern herum die große Jahrmarkt „Osterwiese" statt. Die Osterwiese ist nicht ganz so groß, wie der Bremer-Freimarkt, der im Herbst auf der Bürgerweise stattfindet!

Der Bremer-Freimarkt

Der Freimarkt ist beinahe so alt wie die Stadt. 965 wurde das Dorf Bremen zur Stadt erhoben, 1035 verlieh Kaiser Konrad II. dem Erzbischof Bezelin die **„Jahrmarktsgerechtigkeit"** nebst Markt, Zoll, Geldwechsel und anderen Nutzungen mit der Bestimmung, dass **zweimal jährlich** während der Woche vor Pfingsten und während der Woche vor dem Fest St. Willehadi (08. November) je ein **Jahrmarkt** in Bremen gehalten werden soll".

Wie die Rheinländler ihren Karneval, so nennen die Bremer „Ihren Freimaak" auch „die 5. Bremer-Jahreszeit".

Noch ´ne Bremensie: Manch ein, bis dato stiller und unauffälliger Hanseat, verkleidet sich zum Freimarkt, leiht sich eine **Drehorgel** auf Rädern und zieht musikspielend durch dir Stadt.

Der Freimarkt-Umzug durch die Stadt und das „Ende"

„**Ischa Freimaak**" schallt es seit vielen Jahren durch die Bremer Innenstadt, wenn zur Halbzeit der **fünften Jahreszeit** der Freimarkt-Umzug durch die Hansestadt zieht.

Über 130 Startnummern wurden jährlich vergeben. Darunter immer eine bunte Mischung aus Vereinen, Firmen, Organisationen, Sportvereinen, Spielmannszügen und Landjugendgruppen. Über 4.000 Frauen und Männer haben sich auf ihren Auftritt für den Freimarktsumzug vorbereitet und sorgen mit Tanzeinlagen, schillernden Kostümen oder bunt geschmückten Wagen und viel Musik für gute Laune entlang der Strecke.

Um 10 Uhr setzt sich die knapp drei Kilometer lange Karawane in der Neustadt in Bewegung und zieht von der Pappelstraße über die Langemarckstraße und den Brill in die Obernstraße. Um 11 Uhr wird der erste Wagen am Roland erwartet. Dann beginnt auch der **Internet-Livestream** im WEB auf www.butenunbinnen.de , in der ARD-Mediathek und im HbbTV.

Der Umzug endet schließlich, über Schüsselkorb und Herdentorsteinweg, am Hauptbahnhof. Mit Spannung erwarten die Teilnehmenden ab 14.30 Uhr die Bekanntgabe der Gewinner des Zugs auf der Bürgerweide. In zwei Kategorien prämiert eine Jury die besten Laufgruppen und die schönsten Festwagen.

Am letzten Tag des Festes wird der Freimarkt „beerdigt". Mit einem musikalischen Umzug wird der Freimarkt in einem Sarg feierlich zur Beerdigung getragen (siehe Bild).

Früher gab es neben Karussells auch einen **„Pott un Pan-Markt",** einen Markt mit vielen Töpfen und Pfannen und anderen Küchengeräten. Im Kleinmaßstab ist das schon erhalten geblieben, zumindest an den „Randzonen" des Freimarkt-Geländes.

Im Schnitt kann man mit über 4 Mio. Besuchern zu diesem großen Volksfest rechnen!

Übrigens: seit etwa 15 Jahren treffen sich viele Bremer zum Freimarkt im großen Bayern-Zelt auf dem Freimarkt.

Unausgesprochenes Gesetz für diesen Besuch: auch Bremer gehen in bayrischer in **Tracht,** die Männer in krachledernen **Knickerbocker-Hosen** und sonstiger Trachten-Staffage und die Frauen natürlich im **Dirndl**!

Bremen hat übrigens auch den größten und ältesten deutschen „Alpen-Verein"!

So hat der Bremer-Verein auch 2 Bremer-Hütten: u.a. liegt die im Sommer bewirtschaftete „Bremer-Hütte" auf 2413 m Höhe in den Stubaier Alpen.

Die Bremer-Hütte in den Alpen

Der Weihnachtsmarkt

Der Bremer Weihnachtsmarkt wird jährlich in der Adventszeit in der Bremer Innenstadt veranstaltet und gehört zu den großen Weihnachtsmärkten in Deutschland. Er erstreckt sich über verschiedene Bereiche des Stadtkerns in der Bremer Altstadt, umfasst rund 200 Stände und lockt jährlich mehrere Millionen Besucher an.

Der seit Mitte des 19. Jahrhunderts abgehaltene, traditionelle Weihnachtsmarkt findet hauptsächlich auf dem Bremer Marktplatz sowie rund um das Bremer Rathaus und auf dem Domshof statt. Der Markt geht jeweils von der letzten Novemberwoche bis zum 23. Dezember. In 2019 hatte der Markt 3,2 Mio. Touristen angelockt, überwiegend aus ganz Deutschland, aber speziell auch aus Skandinavien und England. Der Markt in Bremen gehört damit zu den 3 größten Weihnachtsmärkten in Deutschland.

Schlachte-Zauber

Wenn der Weihnachtsmarkt stattfindet, dann findet nahezu parallel ein Markt an der Weser, an der Schlachte, statt: der Schlachte-Zauber. An der Weser-Promenade lädt ein historischer, winterlicher und maritimer Markt ein, u.a. mit einem Freibeuterdorf, mit Hökerer im Stil der Hanse, Handwerker in historischen Gewändern, Schankwirte und Fleischhauer – liebevoll eingerichtete

Holzhütten laden mit landestypischen Köstlichkeiten und Getränken zum gemütlichen Beisammensein ein. Frisch gebratene Heringe, würzige Elchbratwürste, knusprige Brote, Flammlachs, gehaltvolle Eintöpfe und heiße Cocktails werden auch ihren Gaumen erfreuen. Daneben bieten Kunsthandwerker in winterlich geschmückten Marktständen ihre individuellen Geschenkideen an.

Der Rhododendron-Park

Der Rhododendronpark ist in seiner Art der zweitgrößte Park weltweit – größer ist nur der Rhododendronpark in London. In Bremen kann man die größte Sammlung der Rhododendron Kulturen auf dem europäischen Kontinent finden: mehr als 450 Arten, 350 Unterarten, 350 Sorten von den Azaleen und 250 andere Arten der verwandtschaftlichen immergrünen Pflanzen.

In einem großen Gewächshaus, der **Botanica**, befindet sich z.Zt. ein tropisches Schmetterlingshaus mit lebenden Puppen, Larven und ausgewachsenen riesigen Schmetterlingen. Während des Jahres finden hier auch andere Ausstellungen statt.

Daneben gibt es noch einen botanischen Gewürzgarten und diverse Rosengärten auf dem Gelände

Stadtführungen der „anderen Art"

Neben den klassischen Stadtführungen, gibt es in Bremen auch eine **„Alternative Stadtführung"**. Hier werden die „versteckten" und nicht sofort offensichtlichen „Bremensien" gezeigt und erklärt. Beispielsweise sind Reliefs am Bremer Rathaus, die zeigen, wie Bauern den Bischof mit Mistgabeln malträtieren ...viele, dieser „Merkwürdigkeiten" sind selbst alten Hanseaten kaum bekannt.

„Gruß an den Bischof", der auf Knien liegt und das Schwert steck im Hintern

Dann gibt es „**lukullische Stadtführungen**"! Nach dem Motto **„wie schmeckt eigentlich Bremen"** geht hier die Führung durch gastronomische Betriebe und überall gibt es kleine Snacks spezieller bremischer Gerichte.

Bremer-Labskaus im „Concordenhaus"

Dann gibt es **Führungen durch Bremische Unternehmen**, die sich im Bereich der **Lebensmittelherstellung** bewegen. Bremen zählt immer noch zu der größten „Lebensmittel-Markenstadt der Republik", angefangen mit Bierbrauereien, über Kaffeeröstereien, koffeinfreiem Kaffee, Schnaps-Herstellung, usw. bis hin zur Herstellung von Edelschokolade.

Dann gibt es eine **Nachtführung**. Reisen Sie mit einem **Nachwächter** in Bremens dunkle Vergangenheit. Lauschen Sie den spannenden Geschichten über längst vergangene Zeiten.

Interessant ist eine **kriminalistische Stadtführung**: lernen Sie die dunkle Seite Bremens kennen und erfahren Sie alles über die spannendsten Kriminalfälle der Stadtgeschichte. Hören Sie von mörderischen Bluttaten und raffinierten Betrügereien.

Und dann gibt es noch „den **Rundgang durch die Bremer Unterwelten**". Bremen taucht ab! Direkt unter den Straßen der Innenstadt liegt mehr als nur eine verborgene Welt: Entdecken Sie knochenreiche Keller, sagenumwobene Tunnel und ausbruchsichere Kerker während des Rundgangs in den Bremer Unterwelten.

Buchen Sie eine **„inszenierte Stadtführung"** oder begegnen Sie den bekanntesten Bremer Originalen im Bremer Geschichtenhaus im Schnoor. Tauchen Sie ein in Geschichte und Gegenwart der zweitältesten Stadtrepublik der Welt und treffen Sie auf sonderliche Originale und komische Käuze! Lernen Sie Bremen und seine Einwohner bei dieser inszenierten Altstadtführung hautnah kennen.

Ist eine Stadtrundfahrt mit einer historischen Straßenbahn gefällig? Erkunden Sie Bremens Überseestadt auf der Fahrt mit der historischen Straßenbahn und entdecken Sie altbekannte Sehenswürdigkeiten und die Entwicklungen zwischen Vergangenheit und Moderne.

4. Bremisch für Fremde (... ein kleiner Sprachkurs)

Sie sind unterwegs in Bremen und treffen auf Einheimische und wollen sich beliebt machen? **Dann sprechen Sie ein paar Worte bremisch!**
Wenn Auswärtige sich in der Landessprache äußern, kommt das in der Bevölkerung immer gut an – das weiß man ja auch von Auslandsreisen!

Bremisch ist ein Dialekt mit vielen niederdeutschen Einsprengseln und aus dem Platt übernommenem Satzbau: das „**Missingsch**".
ACHTUNG: Plattdeutsch (Niederdeutsch) dagegen ist kein Dialekt, es ist **eine eigene Sprache**! Also hier geht es um den **Bremer-Missingsch-Dialekt**!

Typisch bremisch ist es auch, zu **nuscheln** und **Silben zu verschlucken**.
Gerade ältere Bremer **s--tolpern** zudem gern noch über den **s--pitzen S--tein**.

Und sie betonen gern auf der **ersten Silbe**, zum Beispiel in **Doms**hof, **Tach** auch, **isch**a! **Eine Ausnahme ist:** Frei-maak, (der Freimarkt). Hier wird ausnahmsweise die 2. Silbe betont, also Frei**maak (und immer ohne „t")**!

Übrigens: wer mehr Bremisch lernen möchte, dem/der empfehle ich das „**Bremer Schnackbuch**" von **Daniel Tilgner**, dass jetzt in erweiterter Form vorliegt, **Edition Temmen - ISBN-13:** 978-3861085928.

Denn man tau – nun aber mal los mit unserem „Sprachkurs"!

- **„Moin!"**
  Guten Morgen, guten Tag! (Sagt man aber auch abends, ist im Grunde immer verwendbar.

- **„Moin-Moin"**
  VORSICHT, das ist das bremische Synonym für „Leck mich a. A...."

- **„Tach auch!"**
  Noch ein Gruß, der für alle Tageszeiten gilt.

- **„Eem."**
  Eben.

- **„Dascha..."**
  Das ist ja...

- **„Ischa... (Freimaak)."**
  Es ist ja... (Freimarkt).

- **„Ischa'n büsch'n lütsch."**
  Das ist aber ein bisschen klein.

- **„Ach, Sie sind'n Butenbremer?"**
  Ach, Sie sind aus Bremen, wohnen aber nicht mehr dort?

- **„Ich will nach/nach'n... (Karstadt/Bett/Freimaak)"**
  Ich will zu/ins/zum...(Karstadt/Bett/Freimarkt).

- **„Lust auf Kaffeesieren?"**
  Sollen wir Kaffeetrinken gehen?

- **„Woll'n wir auf'n/up'n Swutsch?"**
  Wollen wir um die Häuser ziehen/einen trinken gehen?

- **„Lass uns noch mal (z.B. mit´m Hund, oder Personen) um n Pudding geh'n."**
  Gehen wir noch eine Runde um den Block. Allgemein: mal raus gehen!

- **„Das is aber heute wieder'n Schmuddelwedder."**
  Verdammt, regnet das!

- **„Wo ist umzu heute was los?"/"Das is' gleich umzu!"/"In Bremen und umzu."**
  Wo ist heute in der Nähe was los?/Das ist ganz in der Nähe/gleich da vorn/dahinten/um die Ecke!/In Bremen und Umgebung, drum herum.

- **„Lass Dich knuddeln."**
  Lass Dich drücken/umarmen/herzern!

- **„Was'n Tüünbüdel!"**
  Einer, der „Tünkram" oder „Dummtüch" erzählt (also Unsinn, Lügen oder Spinnkram).

- **„der´s scha n Spökenkieker"**
  der ist ja ein Geisterseher, Hellseher, oder : grüblerischer, spintisierender Mensch .

- **„das klötert aber ganz schön"**
  es regnet gewaltig, oder: das macht komischen Lärm.

- **„Glupschaugen machen"**
  ein ausgesprochen erstaunter oder neugieriger Blick, die Augen aufreißen.

- **„einen Jieper auf etwas haben"**
  einen mächtigen Appetit auf etwas haben.

- **„nöchtern as ´n gebackener Stint"**
  höchster Grad der Nüchternheit, so nüchtern, wie ein gebackener Stint (Fisch).

- **„Oldenburger-Palme"**
  in Oldenburg „Grünkohl" - Braunkohl in Bremen.

- **„Pillendreher, Plankenstrieker, Plünnenrieter, Putzbüdel, Quäkenpuhler"**
  Apotheker, Malermeister, Textilkaufmann, Friseur, Gärtner

- **„sich gräsig gehabt haben"**
  üblen Streit gehabt haben

- **„die Bremer Speckflagge"**
  die Bremer Fahne, rot weis gestreift – sieht aus, wie gestreifter Speck.

- **„Tagenbaren Bremer"**
  so darf sich ein Bremer nur nennen, wenn beide Elternteile in Bremen geboren (baren) und er/sie selbst in Bremen aufgewachsen (tagen) ist.

- **„Das backt aber mächtig!"**
  Das klebt aber sehr!

- **„Jetzt komm ma in die Puschen!"**
  Nun mal los – beeil dich!

- **„Du bist aber ´n Frostködel!"**
  Du frierst aber schnell!

- **Glitschen gehen!**
  Eine „Glitsch" ist eine Eisbahn, die sich Kinder durch ausschütten von Wasser an Frosttagen auf den Gehweg selbst herstellen, um zu „rutschen".

5. Typische Bremische Gerichte

Jedes Land und jede Stadt bieten ganz typische Speisen (und Getränke), die meistens nur in dieser Region angeboten werden. Dabei sind oft die Namen der Gerichte so speziell und „eigenartig", dass sich Fremde kaum etwas darunter vorstellen können. Ich will hier etwas Klarheit in dieses **„Speisekarten-Nirwana"** bringen und beschreibe die wichtigsten Bremer Gerichte, sowohl die herzhaften, wie auch die süße … und meine Tipps gibt´s oben darauf!

Herzhafte Speisen

Seemanns-Labskaus:
traditionell mit Spiegelei, Rollmops, Rote Beete und Gewürzgurke wird das Seemanns-Mahl gereicht. An  Labskaus scheiden sich die Geister - die einen lieben es, andere fühlen sich von Optik und Konsistenz eher abgestoßen. Das Gericht besteht hauptsächlich aus Kartoffelstampf mit Roter-Bete, die dem Gericht seine pinke Farbe verleiht. Untergemischt wird Corned Beef, also zerkleinertes gepökeltes Rindfleisch. (**Tipp:** das schmeckt sehr gut auf dem Segelschiff mit den grünen Segeln, der „Alexander von Humboldt-1" am Martini-Anleger direkt an der Schlachte).

Original Bremer-Knipp:
kross-gebratenes Knipp auf Schwarzbrot mit Spiegelei und Gewürzgurke, oder mit Röstkartoffeln - genauso muss es sein! Knipp besteht aus Hafergrütze, Schweinskopf, Schweinebauch, Schwarte, Rinderleber und Brühe. (**Tipp:** das gibt´s auf der „Alexander-von-Humboldt-1" und im Bremer-Ratskeller).

Bremer-Pannfisch:
das Gericht, das mittlerweile als „typisch norddeutsch" gilt und in ganz Norddeutschland verbreitet ist. Hauptbestandteile sind gebratene oder gegarte Fischstücke ohne Kopf, gebratene Kartoffeln und Senfsoße. Früher ein „Arme-Leute-Essen" und Reste-Essen, wird das Pfannengericht heute teils mit Edelfisch zubereitet und ist zudem in gehobenen Restaurants anzutreffen. (**Tipp:** gibt's im Bremer Ratskeller).

Bremische-Brotzeit:
unter anderem mit „Tartar vom Bremer Ox": das ist bestes Rindfleisch-Tatar, klassisch angemacht mit Kapern und grünem Pfeffer und Bio-Ein und dazu Schwarzbrot; oder Strammer-Max, oder Rührei mit Räucher-Aal und Granat auf Werder-Brot!(**Tipp:** gibt's im kleinen Bremer Ratskeller).

Norddeutscher-Käseteller:
das sind mindestens sechs verschiedene Käse-Sorten mit Trauben, Walnüssen, Feigensenf, Salzstangen, manchmal verschiedene Sorten Brot und Butter (**Tipp:** gibt's im Bremer-Ratskeller).

Bremer-Matjes:

den gibt es in mindesten 2 Variationen: entweder purer Matjes (in Salzlorke eingelegter Hering), oder: als komplettes Gericht mit Hausfrauensoße, Salat und Bratkartoffeln (**Tipp:** gibt´s im „Beck's in'n Snoor").

Braunkohl und Pinkel:

in Bremen wird der Grünkohl auch Braunkohl genannt, weil er während des Kochens die grüne Farbe verliert und bräunlich wird. Serviert wird der Braunkohl in Bremen traditionell mit Pinkel, einer groben, geräucherten Grützwurst aus Speck, Hafer oder Gerste und Schweineschmalz und natürlich Salzkartoffeln (**Tipp:** gibt´s im „Beck's in'n Snoor").

Eine Bremische-Fischplatte:

das sind unterschiedlich zubereitet See-Fische und auch Süßwasser-Fische (**Tipp:** gibt´s bei Restaurant „Spille" an der Ochtum-Brücke, speziell Aale und andere Süßwasser-Fische, oder im „Fisherman´s Seafood" im alten Bremer Polizeihaus am Wall).

Bremer-Scholle:

am besten eine wirklich fangfrische Nordsee-Scholle mit zerlassener Butter, Salz- oder Bratkartoffeln, sowie einem frischen Gurkensalat (**Tipp:** das gibt´s donnerstags im Restaurant „Wels" im „Hotel Munte" in der Parkallee, gleich beim Bremer Bürgerpark).

Bremer-Hochzeitssuppe:

das ist eine klare Hühnerbrühe mit Spargel, Eier-
stich (verquirlte und gestockte Eier, in kleine Wür-
fel geschnitten) und Blumenkohl, sowie kleine
Mett/Hackfleisch-Bällchen. Sie wird traditionell als
erster Gang auf jeder guten Hochzeitsfeier serviert.
Beim Kohl- und Pinkelessen gehört sie auch dazu.
(**Tipp:** gibt´s im „Kleinen Ratskeller").

Bremer-Bierhappen:

das ist ein Teller mit allerlei kleinen Leckereien,
aber auch z.B. eine Scheibe Vollkornbrot mit leckeren Krabben und darüber ein Spiegelei, oder
Brot und Hackepeter, Zwiebeln und einer sauren
Gurke und dazu natürlich ein gezapftes Becks-Bier,
oder ein „Kräusen-Bier", ein Spezialbier, dass es
auch in Bremen nur in einigen, wenigen Lokalen
gibt. (**Tipp:** gibt´s im „Kleinen Ratskeller").

Bremer-Fischsuppe:

das sind verschiedene Fische, in einer leckeren
Suppe gekocht. (**Tipp:** gibt's im Restaurant
„Ständige Vertretung" in der Böttcherstraße).

Pluckte Finken:

ein deftiger Eintopf, dessen Rezept aus der Zeit der
Walfänger stammen soll. Dem Namen nach enthielt
es in Stücke gehackten (gepluckten) Wal-Speck
(Vinken). Zudem gehören weiße Bohnen, gestreifter
Räucherspeck, Kartoffeln, Äpfel und Birnen in den
Topf. Heute wird statt des Wal-Specks zartes Och-
sen- oder Pökelfleisch verwendet! Leider ist das
Gericht aber dennoch nicht mehr oft auf bremischen
Speisekarten zu finden.

Bremer-Kükenragout:

das Kükenragout kennen selbst viele Bremer kaum.
Wer zum ersten Mal davon hört, ist schnell empört:
wieso essen die Bremer niedliche Küken? Nun,
ganz so schlimm ist es nicht. Das plattdeutsche
Wort „Kiken" bedeutet „junges Huhn". Die sogenannten Stubenküken wiegen 200 bis 600 Gramm
und sind etwa einen Monat alt. Das Kükenragout
kann wie Hühnerfrikassee auch Spargel, Pilze und
Erbsen enthalten – dazu kommen oft Rinderzunge
und Flusskrebsschwänze. Die Speise war auch
Brauch als **Festessen** anlässlich der **Wahl eines
neuen Bremer Senators**. (**Tipp:** Im Restaurant
findet man es selten. Dafür wird das Kükenragout
beim alljährlichen Bürgermahl der Wilhelm-Kaisen-
Bürgerhilfe Bremen serviert. Manchmal gibt es
dieses Gericht im Bremer-Ratskeller und in einer
(etwas eigenen mit Kartoffeln) Variation im
Bremer-Teestübchen im Schnoor.)

Birnen, Bohnen und Speck:

dabei handelt es sich um ein deftiges Eintopfgericht
aus grünen Bohnen, Kochbirnen und geräuchertem
Bauchspeck, vergleichbar mit *Pluckte Finken*

Der Bremer-Knüppel:

der „Knüppel aus dem Sack" ist eine geräucherte
Mettwurst. Der Name spielt an auf das Märchen der
Brüder Grimm von dem Tischlein, das sich selbst
deckte, dem Goldesel und dem Knüppel aus dem
Sack, der Feinde gehörig verdreschen konnte.

Gebratene Stinte:
das sind kleine Fische, die Ende Februar bis Anfang
März zur Laichzeit die Weser hinaufziehen. Dann
ist „Stint-Saison", und die Fische landen aus dem
Fluss direkt auf den Bremer Tellern. Stinte werden
ohne Kopf aber mit den Gräten gegessen.

Schellfisch:
während in anderen norddeutschen Städten als
Kochfisch meist Kabeljau oder *Dorsch* gegessen
wird, dominiert in Bremen der Schellfisch. Er wird
gedünstet, pochiert oder im Dampf gegart und gerne
zusammen mit einer Senf- oder Senf-Joghurtsauce,
Blattspinat und Dillkartoffeln serviert.

Bremer Scheerkohl (auch *Scherkohl*):
ist eine leicht nussig schmeckende Variation des
Blattkohls. Bremer Scheerkohl ist eine alte Bremer
Spezialität. Anfang des 20. Jahrhunderts war er äußerst beliebt, geriet in den 50er Jahren aber allmäh-
lich in Vergessenheit. Heute ist der Scheerkohl nur
noch wenigen Bremern bekannt und wird wegen der
kurzen Lagerzeit nach dem Schnitt, wenn über-
haupt, auf dem Wochenmarkt angeboten.

Bremer-Rollo:
ist eine allseitig geschlossene Rolle aus dünnem,
vorgebackenen Fladenbrot, mit einer variantenrei-
chen Füllung, die kurz sehr heiß gebacken wird.
Rollos werden üblicherweise frisch zubereitet und
in Geschmacksrichtungen wie „arabisch", „ira-
nisch" oder „türkisch angeboten.

Nordsee-Krabben:

eine besondere Spezialität der Nordsee ist die Nord-
see-Krabbe, die auch als "**Granat**" bezeichnet
wird. Der Fang von Krabben erfolgt im Wechsel
von Ebbe und Flut. Schon an Bord werden sie in
Seewasser gekocht. Bevor die Krabben gegessen
werden können, müssen sie „**gepult**" werden. Dabei
wird der Kopf und das hintere Ende gedreht, gebro-
chen und das Krabbenfleisch von der Schale losge-
löst. Krabben können pur, zum Beispiel auf einer
Scheibe Vollkorn-Brot und ein Spiegelei oder in
Suppen oder Salaten gegessen werden.

Thüringer-Rost-Bratwurst:

was in Nürnberg die „Würstel" sind, das ist in Bremen „die Thüringer Bratwurst vom Rost mit Brötchen" oder mit „Hausmacher Kartoffelsalat". Die ist
so lecker, dass sogar Bremer Politiker und Kaufleute zwischendurch am Würstchenstand von „Fa.
Martin Kiefert" oder „Fa. Stockhinger" (öfter am
Tage!) anzutreffen sind. Welche Kombination jetzt
besser schmeckt, ist in Bremen eine individuelle
Grundsatzfrage! Weil beide Bratereien aber u.a.
direkt am Bremer-Markt ihre Würstchen anbieten,
kann und muss das jeder selbst herausfinden.
(**Tipp:** nur bei „Kiefert" oder „Stockhinger"
 gibt es die besten Würste!).
Richtige Ross-Bratwürste, also Pferde-Würste,
 dagegen, gibt es nur noch vereinzelt auf dem
Bremer Freimarkt und die sind auch sehr lecker.

Bremer Krabbensuppe:

sie wird klassisch zubereitet und zwar aus einem Fond aus Krabbenschalen und natürlich mit frischen (und „gepuhlten") Nordseekrabben, Lauch, Karotten, Sellerie, Weißwein, ein Schuss Cherry oder Rum, Sahne und gehackter Petersilie sowie mit beigelegtem Baguette. **Übrigens:** verkauft werden die leckeren frischen Meeresbewohner direkt vom Krabben-Kutter nur literweise – da wird nicht gewogen – da wird geschöpft!(**Tipp:** die gibt´s im „ältesten Fischrestaurant Bremens", dem Restaurant „Knurrhahn" in Bremen).

Bremer Kartoffelsuppe:

Kartoffelsuppe gibt es in vielen Variationen in jedem Landstrich der Republik! Aber die echte Bremer Kartoffelsuppe ist wirklich etwas Besonderes, weil sie wird richtig „Bremisch" mit Räucherspeck und Nordseekrabben gemacht, (**Tipp:** die gibt´s im Restaurant Friesenhof, Bremer Altstadt)

Bremer Gekochte:

Die kleine Mahlzeit für Zwischendurch: ein krosses Brötchen mit Bremer Gekochte (Fleischwurst) belegt. Fleischwurst gibt es in jedem Bundesland, aber die Bremer-Gekochte gibt es mit oder auch ohne Koblauch und das macht den Unterschied aus!

Bremer Kartoffelsalat mit „Gekochter":
geschälte und geschnittene Pellkartoffeln, Scheiben
einer Salatgurke nd einer Möhre, Dill, Bremer-
Gekochte und eine Marinade aus Champagneressig,
Senf, Pfeffer und Zucker, Salz, Wasser – nur das ist
echter Bremer Kartoffelsalat. Wo es den gibt?
Manchmal im Hafen-Casino in der Überseestadt,
oder in der Küche des **Mitmachmuseums „Köksch
un Qualm"** an der Stader Landstraße in Bremen!
Da heißt es: Selbermachen zusammen mit der
Museums-Köchin Luise!

Delikatessen aus dem Bremer-Knast:
Der Fernsehkoch Steffen Henssler hatte im Rahmen
der Fernsehsendung „Kochen hinter Gittern" mit
den Insassen der JVA-Bremen-Oslebshausen eine
Idee, ein Produkt zu entwickeln, welches in den
Verkauf gebracht werden könnte. Die Wahl fiel auf
ein **Mango Chutney und eine Tomaten Salsa.**
Beide Produkte wurden erfolgreich im Bremer Le-
bensmittel-Einzelhandel platziert und sind wirklich
lecker!

Süßkrams

Plum un Klüten:
da werden Erinnerungen an Omas Küche und an
alte Rezepte wach. Es handelt sich dabei um eine
süße Speise aus vergangener Zeit mit Trockenpflau-
men und Klößen aus Mehlteig (auch genannt:
Plum un Klütschen). (**Tipp:** das gibt es manchmal
in den wenigen veganen Restaurants in Bremen
noch im Angebot!)

Hausgemachte Bremer Rote Grütze:
die Rote Grütze hat allgemein in Norddeutschland eine Tradition. Die Bremer Rote Grütze enthält neben der sonst üblichen Beerenmischung zusätzlich Sauerkirschen und unterscheidet sich damit nur gering von anderen Varianten dieser Süßspeise (**Tipp:** gibt's im Bremer Ratskeller und im Tee-Stübchen im Schnoor).

Bremer-Kaffeebrot:
damit werden Weißbrotscheiben bezeichnet, die mit Butter und Zucker bestrichen und dann geröstet werden – ein bisschen wie süßer Zwieback. Das Kaffeebrot wird als Beilage zum Kaffee serviert und schmeckt besonders gut, wenn es in das heiße Getränk getaucht wird (**Tipp:** zu kaufen ist diese Spezialität zum Beispiel im Schnoor oder im Café Knigge in der Innenstadt).

Der Bremer Klaben:
das ist ein beliebtes Bremer-Wintergebäck. Es handelt sich um einen großen (10- bis 12-pfündigen), stollenähnlichen Kuchen aus schwerem Hefeteig mit sehr vielen Rosinen und von typischer, kastenartiger Form. Er wird zumeist Anfang Dezember gebacken, und zwar in solchen Mengen, dass er bis Ostern reicht.

Heißwecken:
das sind süße Hefebrötchen mit Rosinen. Sie werden traditionell mit Butter und Marmelade oder Gelee bestrichen gegessen. Umgangssprachlich werden Heißwecken auch „**Hedwig**" bzw. „**Hedewig**" genannt.

Wickel-Kuchen:

das ist eine Gebäckspezialität des Bremer Raumes.
Er besteht aus Hefeteig und wird mit verschiedenen
Füllungen angeboten. Als Füllungen werden meist
Sultaninen, Mandeln, Marzipan, Mohn und Nuss
verwendet, es gibt aber noch weitere Varianten.

Bremer-Babbeler:

sind menthol- bzw. pfefferminzhaltige Zuckerstan-
gen, die in Bremer Manufakturen hergestellt und in
Pergamentpapier eingewickelt werden. Sie enthalten neben dem Pfefferminzöl noch Zucker, Glu-
cose-Sirup und Wasser und sind wohl die ersten
Husten-Lutsch-Stangen der Welt.

Bremer-Kaffeebohnen:

sind eine Art Pralinen-Spezialität, die in den
1950er-Jahren in Bremen entwickelt wurde. Sie be-
stehen aus dunkel gerösteten Kaffeebohnen im
Kern, die einzeln mit einer Vielzahl von hauchdün-
nen Schichten Mokka-Kuvertüre ummantelt und in
Kakaopulver gewälzt werden.

Schnoorkuller:

hierbei handelt es sich um eine Spezialität seit 1987
aus dem Bremer Schnoor. Die Schnoorkuller sind
feine Kugeln aus Nuss-Baiser, gefüllt mit Nougat
und überzogen mit Vollmilchschokolade und
schließlich in zart-geröstetem Nusskrokant gewälzt.
Riza Tosun, Inhaber der Konditorei Café im
Schnoor, hat sich die Leckerbissen 2011 patentieren
lassen.

Bremer-Kluten:
Kluten sind Süßigkeiten aus weißen Fondantstangen mit Pfefferminz-Geschmack, die zur Hälfte mit dunkler Schokolade überzogen sind. Sie erinnern ein wenig an Dominosteine. Zu kaufen gibt es diese Leckerei zum Beispiel jedes Jahr auf dem Freimarkt und dem Weihnachtsmarkt.

Bremer Ein- und Zwieback:
auch wenn er Zwieback heißt, ist er alles andere als trocken. Typisch für den Bremer Zwieback ist seine sechseckige Form. Er ist wenig gesüßt und besteht aus einem leichten Hefeteig. Nach dem Backen muss dieser Einback mindestens einen Tag ablagern. Dann werden die einzelnen „Einbacks" abgeschnitten und in der Mitte durchgeschnitten.

Hachez Schokolade:
Der Schokoladenhersteller „Hachez" ist seit mehr als 120 Jahren in Bremen verwurzelt. Das Unternehmen wurde 1890 in der Hansestadt von dem aus Belgien stammenden Schokoladenhersteller Joseph Emile Hachez gegründet. Der wichtigste Rohstoff in der Schokoladenproduktion: Kakaobohnen. Im Hachez-Werk werden sie geröstet. Seit 2012 gehört Hachez zur dänischen Toms-Gruppe. Anfang 2018 wurde die Verlegung der Hachez-Fertigung nach Polen geplant ist. Ende 2020 wird die Produktion in der Bremer-Neustadt schließen.

Schokoküsse von Mayer Junior:

Die Manufaktur Mayer Junior in Bremen-Rablinghausen produziert seit mehr als 100 Jahren Schokoküsse. Sie werden bis heute nach einem alten Familienrezept aus dem Jahr 1902 hergestellt und in die ganze Welt geschickt.

„Klump un Birnen":

Im Plattdeutschen heißen Klöße „Klüten" oder „Klump" (von Klumpen). Die Klöße (Kartoffel-manchmal auch Mehl-Klöße) werden mit Birnenkompott gereicht, welches mit einer Zimtstange aufgekocht und eingedickt wurde. Das ist so ein typisches „Oma-Gericht"!

Bremer-Moppen:

das sind eine inzwischen fast vergessene Spezialität aus dem Bremer Land. Aber nur fast! Wir erinnern uns noch an das lebkuchenartige Kleingebäck, welches früher auf dem Freimarkt vom "Moppen-Onkel" Hermann Vajen verkauft wurde.

Bremer Senatskonfitüre:

Das Projekt „ Bremer-Martinshof" stellt die sogenannte Senatskonfitüre her. Sie sollten sich eine Stulle mit den Sorten Tomate-Orange, Erdbeer-Limette oder Apfel-Ingwer gönnen, die sind alle super-lecker! Mit der Bremer Senatskonfitüre bekommen Sie die Gelegenheit, Ihr Frühstücksbrötchen so zu genießen, wie es die Senatoren im Bremer Rathaus tun.

Ich wünsche Ihnen einen recht guten Appetit!

6. „72 mal Bremen"

In Bremen gibt es nicht nur die Bremer-Stadtmusikanten, die Roland-Statue und den historischen Marktplatz mit Rathaus und Dom!

Hier sind 72 persönlich selektierte Bremer-Highlights, die bestimmt genauso attraktiv und einmalig sind und die Hansestadt interessant machen!

… und dies ist die Auflösung und die Beschreibung:

Meierei im Bürgerpark	Segelschiff von Abeking und Rasmussen	Mercedeswerk-Bremen	Alpaka im Wildgehege Bürgerpark	Krypta im Dom	Wal-Skulptur in Vegesack	Alexander von Humboldt-1	Breminale an der Weser	Luxusyacht von der Lürssen-Werft
Neptunbrunnen Domshof	Bremer Dom	Hochschule für Künste	Bürgepark-Tombola-Bude	Reiter vor dem Rathaus	Rathaus am Markt	Gasse im „Schnoor"	Torfkahn auf der Wümme	Promenade in der Überseestadt
tanzende Sielwall-Fähre	Stadthalle beim Messe-Centrum	Goethe-Theater	Bremer-Häuser im „Viertel"	Siegfried in der Böttcher-Straße	„Schnoor"-Gasse	Martini-Anleger mit zwei Segelschiffen	„Schoor" moderne Neubauten	Universität Bremen
Roland Statue am Markt	Beluga Spezial-Flugzeug	Stadtmusikanten	Häuser am Markt	Samba-Karneval	früher: Borgward-Werke	7-Faulen-Haus in der Böttcherstr.	Wal-Fluke in Vegesack	Mühle am Wall
Hauptbahnhof	Jacobs-Kaffee	Pavillon im Bürgerpark	Anti-Kolonial-Denkmal	Universum- Sci-ence-Museum	alter Poller im Hafen	MS-Friedrich	Bremer-Schütting	Bremer Flohmarkt
Parkhotel am Holler-See	Bürgerschaftsgebäude und Dom	Bremer „Speckflagge"	Enten-Rennen auf der Weser	Rathaus am Markt	Container-Hafen	Pavillon im Bürgerpark	gesamte Söge-Skulptur	Tee-Stübchen im Schnoor
Bremer Weihnachtsmarkt	Rundfenster im Dom	Weser-Stadion	Werder-Bremen-Flagge	Mäuseturm beim Getreide-Hafen	Das Bremer-Loch	Museum in der Böttcherstr.	Beck's Bier Brauerei (AnBev)	Markus-Brunnen im Bürgerpark
Glockenspiel in der Böttcherstr.	Loriot-Denkmal	Bremer Freimarkt	Bremer Hanse-Kogge	Wal-Kiefer in Vegesack	Wasserturm „die umgedrehte Kommode"	Waldschlösschen im Bürgerpark	Schlachthof-Kulturzentrum	Bremer-Fallturm

62